1. Lesestufe

TINO

Mein Freund, das Einhorn

Mit Bildern von Irini Herzog

Ravensburger

Bibliografische Information der Deutschen Nationalbibliothek:

Die Deutsche Nationalbibliothek verzeichnet diese Publikation
in der Deutschen Nationalbibliografie.
Detaillierte bibliografische Daten sind im Internet
über http://dnb.d-nb.de abrufbar.

Für Hede

1 3 5 4 2

Ravensburger Leserabe
© 2023 Ravensburger Verlag GmbH
Postfach 2460, 88194 Ravensburg
Umschlagbild: Irini Herzog
Fachberatung: Dr. Birgitta Reddig-Korn
Textredaktion: Nina Schiefelbein
Produktion & Satz:
Weiß-Freiburg GmbH – Grafik und Buchgestaltung
Printed in Germany
ISBN 978-3-473-46149-3

ravensburger.com
www.leserabe.de

Inhalt

Mein Freund, das Einhorn   6

Das Einhorn in der Schule   15

Verzaubert   26

Ein schönes Geschenk   33

Mein Freund, das Einhorn

Mia liegt im Bett.
Was ist denn da am Himmel?
Ein Einhorn!

Ach nein, nur eine Wolke.
Schade.

Der Mond scheint in Mias Zimmer.
Mia fängt einen Strahl auf.
Er leuchtet zwischen den Fingern.
Mia öffnet die Hände. Oh!

In dem hellen Licht
erscheint ein winziges Einhorn.
Es hat eine blaue Decke
auf dem Rücken.
Wie schön!

Da springt das Einhorn
aus Mias Händen.
Es steht mitten im Zimmer,
so groß wie ein Pony.

„Ich bin dein Freund,
das Einhorn", sagt es.

„Willkommen!", ruft Mia.
„Willst du auf mir reiten?",
fragt das Einhorn freundlich.
Und ob!

Mia reitet auf dem Einhorn
durch die Wohnung.
Vorbei am Wohnzimmer.
Da sind Mama und Papa.
„Pst, leise", flüstert Mia.

Dann spielen die beiden Verstecken.

Bis sie müde sind.

Mia und das Einhorn

kuscheln sich in die Decke.

Mia träumt von dem Einhorn.

Das Einhorn träumt von Mia.

Sie träumen, dass Mia

auf dem Einhorn zur Schule reitet.

Am Morgen wecken die Eltern Mia.

Mia wundert sich.

Das Einhorn ist weg.

Aber da ist die blaue Decke!

„Woher ist die?", fragt Mama.

„Von meinem Freund, dem Einhorn",
sagt Mia.
Mama schmunzelt.

„Kinder haben viel Fantasie",
flüstert Papa ihr zu.
Wenn die wüssten,
denkt Mia und lächelt.

Geschafft!
Hier kannst du
den ersten Sticker
einkleben!

Kapitel 1

Das Einhorn in der Schule

„Tschüss, bis heute Mittag",
sagt Mia nach dem Frühstück.
„Viel Spaß in der Schule!",
ruft Mama ihr zu.

„Vergiss den Turnbeutel nicht",
sagt Papa.
Stimmt!
Den hätte Mia fast vergessen.

Mia holt den Beutel
und eilt die Treppe hinab.

Vor der Haustür steht ihr Freund,
das Einhorn!
„Du willst zur Schule, Mia?",
fragt es. „Los geht's!"
Juhu!

Mia reitet durch den Park.
Das Einhorn ist so schnell,
dass sie zu früh in der Schule sind.
Keiner ist da. Nur Mia.

„Bis später, liebes Einhorn",
sagt Mia.

Sie betritt die Turnhalle.
Die ist ganz schön groß,
wenn man ganz allein darin ist.

Nach und nach kommen die Kinder.
Und Frau Strumpf, ihre Lehrerin.

Heute sollen die Mädchen und Jungen
über den Bock springen.
Frau Strumpf zeigt den Kindern,
wie es geht.

Die Kinder springen nacheinander.

Dann ist Mia an der Reihe.

Aber Mia träumt vor sich hin.

Sie denkt an ihr Einhorn und träumt,

dass sie über den Bock springt.

Keiner glaubt, dass Mia es schafft.
Denn Mia ist die Kleinste
in der Klasse.

Aber im Traum geht alles.
Mia nimmt Anlauf. Sie springt.
Und Mia fliegt.
Sie fliegt hoch über den Bock.
Und noch weiter.

Höher und höher.

Hinaus aus der Halle.

Sie fliegt über die Stadt

und winkt den Menschen zu.

Die Leute unter ihr staunen.

Mia fliegt bis auf den Mond.
Dort wartet das Einhorn auf sie!
Mia setzt sich neben ihren Freund
und legt den Arm um ihn.
Wie schön die Erde aussieht!

Dann fliegen sie zurück.
„Rumms", macht es,
als Mia auf der Matte landet.

Kapitel 2

Die Kinder klatschen.

„Sehr gut", sagt Frau Strumpf.

„Du bist über den Bock gesprungen!"

Und noch viel weiter, denkt Mia.

Das Einhorn steht vor dem Fenster.

Mia zwinkert.

Das Einhorn zwinkert zurück.

Verzaubert

Mia spielt mit dem Einhorn
in ihrem Zimmer.
Da hören sie Mama und Papa.
Schnell versteckt sich das Einhorn
im Schrank.

„Wir gehen Eis essen", sagt Mama.
„Zieh dir einen frischen Pulli an."
Mia holt sich einen Pulli
aus dem Schrank.

Das Einhorn ist nicht mehr da.
Das Einhorn ist auf dem Pulli!
Nanu?
Prima, so kann es mit in die Stadt.

Vor der Eisdiele sind viele Leute.

Alle wollen Eis.

Mama und Papa stellen sich an.

Mia will ein rosa Einhorn-Eis.

Aber das gibt es bestimmt nicht.

Mia wartet auf einer Bank.

Da springt das Einhorn vom Pulli!

Sie spielen Fangen. Das macht Spaß.

Aber wo sind Mias Eltern?

Mama und Papa sind weg.

Oje.

„Du hast einen Wunsch frei",
sagt das Einhorn.
Mia will Mama und Papa finden!

Plötzlich bleibt die Zeit stehen.
Niemand bewegt sich mehr.
Als wären alle vereist.
Wie verzaubert.

30

Jetzt kann Mia besser suchen.

Sie geht von Mensch zu Mensch.

Da sind Mama und Papa!

Ein Glück.

Papa hat ein großes Eis in der Hand.

„Da seid ihr ja!", ruft Mia.

Sie zupft an Papas Hemd.

Da bewegen sich alle wieder.
Die Zeit steht nicht mehr still.
Keiner hat etwas bemerkt.

„Hier, dein Eis", sagt Papa zu Mia.
„Ein rosa Einhorn-Eis.
Das hast du dir
doch gewünscht, oder?"

Kapitel 3

Ein schönes Geschenk

Es ist mitten in der Nacht.
Der Mond steht am Himmel.
Mama und Papa schlafen schon.

Mia und das Einhorn
haben es sich gemütlich gemacht.

Die beiden Freunde
sitzen in der Küche.
Sie spielen Memory
und futtern Himbeeren.

Mia und das Einhorn flüstern.
Und sie kichern.
Ganz leise, damit Mama und Papa
nicht aufwachen.

Sie spielen sehr lange.

Dann reitet Mia in ihr Zimmer.

Mia liebt das Einhorn.

Das Einhorn liebt Mia.

Da sieht das Einhorn
Mia tief in die Augen.
„Heute muss ich fort", sagt es.
Ach, wie traurig.
Fast muss Mia weinen.

Aber ihr Freund, das Einhorn,
hat ein Geschenk für Mia.
Es ist eine kleine Truhe.
Sie glitzert magisch.
„Lebe wohl, Mia", sagt das Einhorn.

Dann schwebt es
auf einem Mondstrahl davon.
Schon ist es nicht mehr zu sehen.

Traurig öffnet Mia die Truhe.
Und was ist darin?

Mondlicht!

In dem schönen Licht sieht Mia,

was das Einhorn gerade macht.

Wie in einem Fernglas.

So weiß sie immer,

wo ihr Freund, das Einhorn, ist.

Gerade im Moment fliegt es
über einen Zauberwald.
Der ist sehr weit weg von hier.
Hinter den Sternen.
In einer anderen Welt.
Dort ist es wunderschön.

Das Einhorn zwinkert Mia zu.
Mia zwinkert zurück.

Kapitel 4

Das Einhorn fliegt durch die Nacht.
Wer weiß, vielleicht fliegt es zu dir?
Ich wünsche es dir.

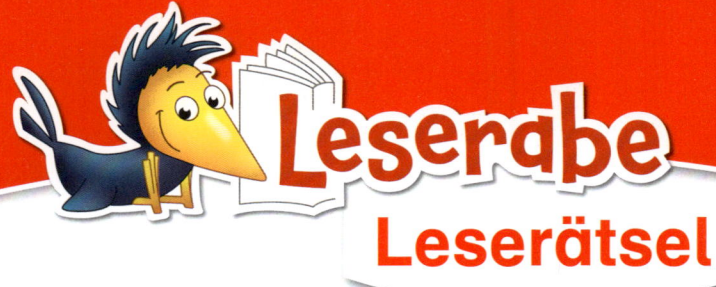

Leserätsel

Rätsel 1 **Seltsam, seltsam**

Welches Wort stimmt? Kreuze an!

Das Einhorn hat eine blaue
- ○ Dose.
- ○ Decke.
- ○ Dusche.

Mia soll über den Bock
- ○ springen.
- ○ stolpern.
- ○ steigen.

Vor der Eisdiele sind viele
- ○ Lollis.
- ○ Lamas.
- ○ Leute.

Rätsel 2 **Buchstaben heraushören**

In welchen Wörtern hörst du den Buchstaben M? Kreuze an!

42

Ordne die Bilder den Sätzen zu!

A) Mama und Papa schlafen.

B) Mia eilt die Treppe hinab.

C) Das Einhorn zwinkert zurück.

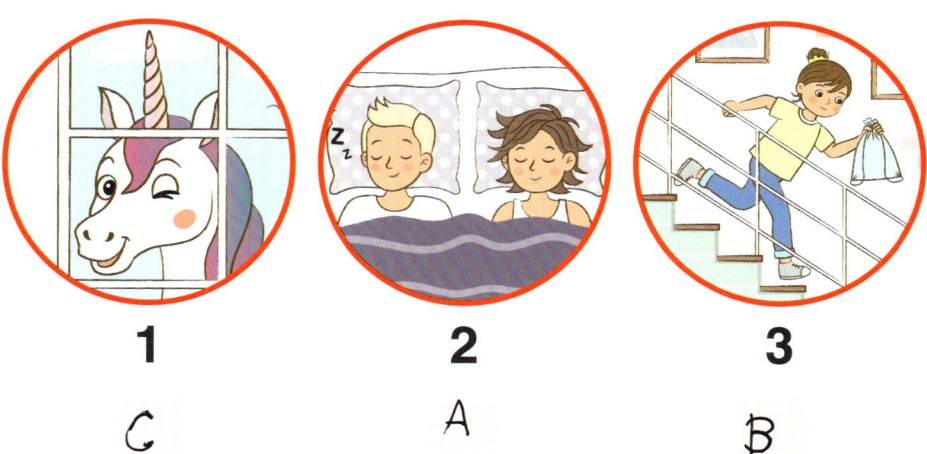

1   2   3

C   A   B

Lösungen
Rätsel 1: Decke, springen, Leute, **Rätsel 2:** Himbeere, Mond,
Rätsel 3: 1C, 2A, 3B

Rätsel 4

Rätsel für die Rabenpost

Fülle die Lücken aus. Trage die Buchstaben in die richtigen Kästchen ein. So findest du das Lösungswort für die Rabenpost heraus!

Das Einhorn steht mitten im

Z	i	m	m	e	r
	5		1		

. (Seite 9)

Die Lehrerin heißt Frau

S	T	r	u	M	P	F
3						

. (Seite 19)

Plötzlich bleibt die Zeit

S	T	E	H	E	N
		6		8	

. (Seite 30)

In der Truhe ist

M	O	N	D	L	I	C	H	T
			4	7	2			

.
(Seite 39)

Lösungswort

E	I	S	D	I	E	L	E
1	2	3	4	5	6	7	8

Hast du das Lösungswort herausgefunden?
Dann kannst du jetzt tolle Preise gewinnen.

Gib das Lösungswort auf der  **Leserabe**-Website
ein oder schick es mit der
Post an folgende Adresse:

An den Leseraben
Rabenpost
Postfach 2007
88190 Ravensburg
Deutschland

Lösungswort

An
den LESERABEN
RABENPOST
Postfach 2007
88190 Ravensburg
Deutschland

**Bitte frage
deine Eltern!***

* Wir verwenden die Daten der Einsender nur für das Gewinnspiel und nicht für weitere Zwecke.
Alle weiteren Informationen zum Datenschutz und über unser Gewinnspiel findet ihr unter www.leserabe.de.

Leserabe

Lesen lernen wie im Flug!

In drei Stufen vom Lesestarter zum Leseprofi

Vor-Lesestufe
Ab Vorschule

ISBN 978-3-473-46185-1

ISBN 978-3-473-46045-8

ISBN 978-3-473-46207-0

1. Lesestufe
Ab 1. Klasse

ISBN 978-3-473-46099-1

ISBN 978-3-473-46215-5

ISBN 978-3-473-46051-9

2. Lesestufe
Ab 2. Klasse

ISBN 978-3-473-46057-1

ISBN 978-3-473-46065-6

ISBN 978-3-473-46187-5

... und viele Bücher mehr!

ERZ 22 004